종이 인형 놀이 네 명의 사랑스러운 소녀들

초판 1쇄 인쇄	2019년 04월 22일
초판 1쇄 발행	2019년 04월 29일
지은이	넥스웍 편집부
발행처	도서출판 넥스웍
발행인	최근봉
표지디자인	디자인길
편집디자인	디자인길
이미지	김은지, Shutterstock
주소	경기도 고양시 행신동 햇빛마을 2004동
전화	031)972-9207
팩스	031)972-9208
이메일	cntpchoi@naver.com
등록번호	제2014-000069호

이 도서의 저작권은 도서출판 넥스웍에 있으며
일부 혹은 전체내용을 무단 복사 전재하는 것은 저작권법에 저촉됩니다.
잘못된 책은 구입하신 서점에서 바꾸어 드립니다.
※ 책값은 뒷표지에 있습니다.

ISBN: 979-11-88389-10-0 (73650)

이 책의 이미지 저작권은 도서출판 넥스웍과 Shutterstock에 있으며, 저작권법에 의해 보호받는 저작물임으로 무단전재와 무단복제를 금지합니다.

KC 제조년월 : 2019년 4월 29일 제조자명 : 넥스웍
주소 : 경기도 고양시 행신동 햇빛마을 2004동
전화번호 : 031)972-9207 사용연령 : 7세 이상 제조국명 : 대한민국
사용상 주의사항 : 모서리가 날카로우니 주의하세요. 던지거나 심한 충격을 주지 마세요.
KC마크는 이 제품이 공통안전기준에 적합하였음을 의미합니다

Paper Dolls

4 Lovely Girls

N 넥스웍

6   이렇게 활용하세요.

8   **4 Seasons** 사계절을 배워요.

18   **About me** 나를 소개해요.

20   **Clothes** 옷에 관한 영어단어를 익혀요.

〈부록〉

23   **Hi, I am Bom.** 안녕, 난 봄이야.
25   **I go to school.** 나는 학교에 다녀.
27   **Let's go on a picnic!** 소풍 가자!
29   **What do you want to do?** 무얼 하고 싶니?
31   **Merry Christmas!** 메리 크리스마스!

33   봄이의 옷장
35   봄이 왔어요_무대
37   봄이의 어린 시절_액자 만들기

39   **My name is Yeoreum.** 내 이름은 여름이야.
41   **Time for school!** 학교 갈 시간이야!
43   **I like to play badminton.** 난 배드민턴 치는 걸 좋아해.
45   **I am going to take a walk with Happy.** 해피와 산책하러 갈 거야.
47   **What do you want for Christmas?** 크리스마스 선물로 무얼 받고싶니?

49   여름이의 옷장
51   여름이 왔어요_무대
53   여름이의 어린 시절_액자 만들기

종이 인형_네 명의 사랑스러운 소녀들

4 Lovely Girls

You can call me Gaeul! 가을이라고 불러줘!	55
I go to school by school bus. 나는 스쿨버스 타고 학교에 가.	57
Today Is my birthday! 오늘은 내 생일이야!	59
Let's eat out today! 오늘은 외식하자!	61
Time for bed! 잠 잘 시간이야!	63
가을이의 옷장	65
가을이 왔어요_무대	67
가을이의 어린 시절_액자 만들기	69
It's me! I am Gyeoul. 나야, 나! 겨울이.	71
I have to wear this today. 오늘은 이걸 입어야 해.	73
How about me? 나 어때?	75
How Is the weather? 날씨가 어떠니?	77
Good night! 잘 자!	79
겨울이의 옷장	81
겨울이 왔어요_무대	83
겨울이의 어린 시절_액자 만들기	85

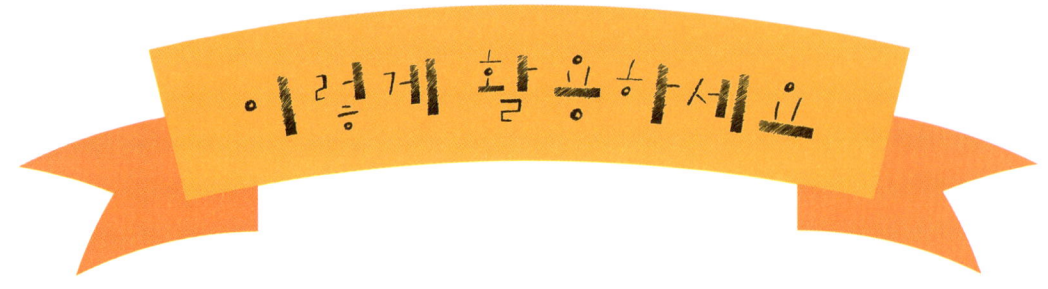

네 명의 아름다운 소녀들은 간단한 영어 표현을 익히고
익힌 단어와 문장으로 인형놀이를 즐기는 새로운 개념의 영어놀이 책입니다.
어렵게 느껴지는 영어와 놀이를 통해 친해질 수 있는 기회가 되며 옷장 및 역할극 배경 판으로 입체감 있게 영어표현을 연습해볼 수 있도록 도와줍니다.
가방고리와 어린 시절 액자 만들기는 영어놀이를 일상으로 확장시켜 주는 역할을 하는 멋진 소품이 될 거예요.
다음과 같은 순서로 영어에 흥미를 느끼고 즐겁게 놀이로 이어보세요.

계절에 관한 영어표현을 익히고 액티비티 페이지를 통해 복습합니다.

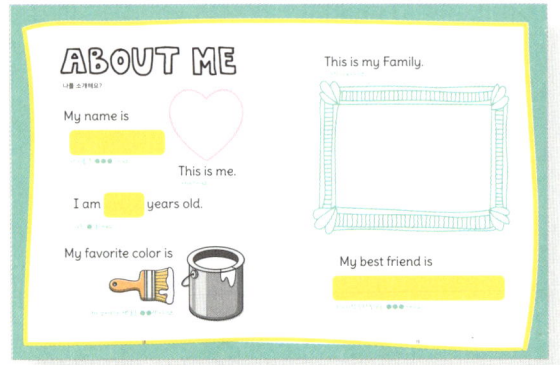

나에 관해 소개하는 표현을 익혀봅니다.

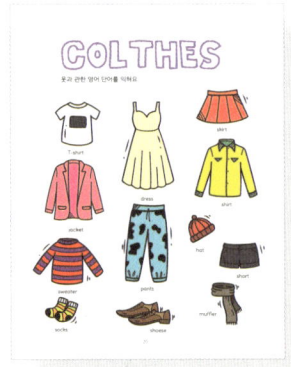

옷에 관한 영어단어를 익혀봅니다.

2 인형놀이

<부록>의 인형들을 오리고 옷을 입혀봅니다.
가방고리를 만들어 가방에 달고 어린 시절 액자는 예쁘게 색칠하여 벽에 붙여줍니다.

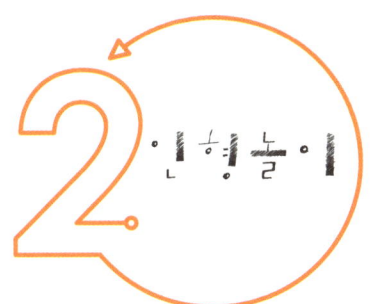

가방 고리

옷장

어린 시절 액자

역할극 배경판

3 표현연습

배경 판을 뒤에 두고 배운 영어 표현을 직접 말해보며
더욱 신나는 인형놀이를 즐겨봅니다.
표현이 익숙해지면 부록에 소개된 다양한 영어 표현도 도전해보세요!

I am going to take a walk with Happy.

4 SEASONS

사계절을 배워요.

단어의 뜻을 써보세요.

그림을 보고 단어의 첫소리를 써보세요.

단어와 그림을 짝지워보세요.

It's spring!

봄이다!

봄이 왔어요.
개구리가 울고,
여기저기 예쁜 꽃이 피어나는 봄이에요!
봄은 영어로 무엇일까요?
'spring'이라고 해요.
계절을 묻고 답하는 말을 배워볼까요?

What season is it?
(무슨 계절이니?)

It's spring!
(지금은 봄이야.)

단어와 문장을 따라 써 보세요.

spring

What season is it?

It's spring!

다음 중 봄과 관련 있는 것을 찾아 동그라미 하세요.

질문을 읽고 자기 답에 동그라미 하세요.

Do you like spring?

너는 봄을 좋아하니?

Yes, I do.   No, I don't.

It's summer!

여름이다!

여름이 왔어요.
파도가 치는 바다에서
수영도 하고 낚시도 하는 여름이오!
'summer'라고 해요.
계절을 묻고 답하는 말을 배워볼까요?

What season is it?
(무슨 계절이니?)

It's summer!
(지금은 여름이야.)

단어와 문장을 따라 써 보세요.

summer

What season is it?

It's summer!

여름에는 무엇을 볼 수 있나요? 그려보세요.

질문을 읽고 자기 답에 동그라미 하세요.

Do you like summer?
너는 여름을 좋아하니?

Yes, I do.   No, I don't.

It's fall!

가을이다!

가을이 왔어요.
빨갛고 노란 낙엽이 비처럼 떨어지는 가을이에요.
가을은 영어로 무엇이라 할까요?
'fall'이라고 해요.
계절을 묻고 답하는 말을 배워볼까요?

What season is it?
(무슨 계절이니?)

It's fall!
(지금은 가을이야.)

단어와 문장을 따라 써 보세요.

가을 낙엽을 예쁘게 색칠해보세요.

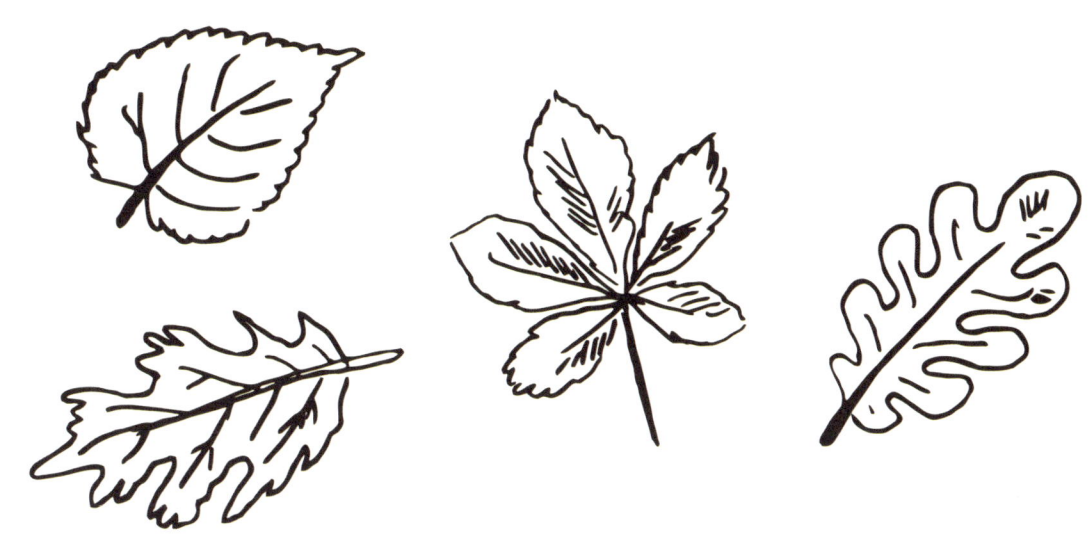

질문을 읽고 자기 답에 동그라미 하세요.

Do you like fall?
너는 가을을 좋아하니?

Yes, I do.   No, I don't.

It's winter!

겨울이다!

겨울이 왔어요.
펑펑 눈이 내려 온 세상이 하얗게 되어
썰매도 탈 수 있는 추운 겨울이에요.
겨울은 영어로 무엇이라 할까요?
'winter'라고 해요.
계절을 묻고 답하는 말을 배워볼까요?

What season is it?
(무슨 계절이니?)

It's winter!
(지금은 겨울이야.)

단어와 문장을 따라 써 보세요.

winter

What season is it?

It's winter!

크리스마스에 받고 싶은 선물을 그려보세요.

질문을 읽고 자기 답에 동그라미 하세요.

Do you like winter?
너는 겨울을 좋아하니?

Yes, I do.　　No, I don't.

ABOUT ME

나를 소개해요.

My name is

내 이름은 ●●● 이에요.

This is me.

이게 저예요.

I am  years old.

나는 ●살이에요.

My favorite color is

내가 좋아하는 색깔은 ●●색 이에요.

This is my family.
나의 가족이에요.

My best friend is

나의 가장 친한 친구는 ●●● 이에요.

CLOTHES

옷에 관한 영어 단어를 익혀요.

〈부록〉

인형놀이를 즐기며 익힌 단어와 표현을 연습해보세요.

SPRING

Hi, I am Bom.

안녕, 난 봄이야.

드디어 봄이에요.
추워서 꽁꽁 얼었던 시냇물이 졸졸졸 흐르네요.
조용히 귀를 기울이면 개골 개골 우는 아기 개구리 소리도 들을 수 있어요.
여기저기서 예쁜 꽃을 볼 수 있는 봄이 참 좋아요.
저기를 보세요. 나비도 날고 있어요.
크고 작은 새싹들이 얼었던 땅 위로 머리를 내미네요.
이런 예쁜 봄날, 내가 태어났어요.
그래서 우리 할아버지께서 내 이름을 '봄' 이라고 지었답니다. 저를 만나면 반갑게 인사해주세요.

"봄"이야, 안녕! 만나서 반가워!"

진 봄

장래희망 : 화가
좋아하는 동물 : 고양이
취미 : 미니어처 만들기
탄생석 : 5월을 상징하는 에메랄드
아끼는 것 : 할머니가 만들어주신 팔찌

봄 가방 고리 만들기
1. 예쁘게 오려서 양면을 풀로 붙인다.
2. 펀치로 구멍을 뚫는다.
3. 가방 고리를 달아준다.
4. 예쁘게 가방에 매단다.
Tips) 코팅을 하면 더 오랫동안 쓸 수있어요!

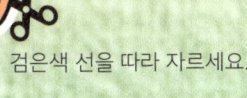
검은색 선을 따라 자르세요.

검은색 선을 따라 자르세요.

I go to school.
나는 학교에 다녀.

우리 학교 교복을 소개할게.
노란색 교복은 우리 학교 학생이라면 모두 입어야 하는 단체복이고 다른 하나는 마음대로 골라 입는 선택복이야.
어때, 멋지지?
나는 치마보다는 바지가 편해서 선택복을 즐겨 입어. 리본도 멋지지?
너는 어떠니?

너도 우리 학교 들어올래?

검은색 선을 따라 자르세요.

나만의 학생증 만들기

사진

이름:

생일:

우리 학교의 학생을 증명합니다.

새한빛학교

새한빛학교

사진을 붙이거나 내 얼굴을 그려서 붙여보세요.

선을 따라 접어 안쪽을 붙여 학생증을 만들어보세요.

Let's go on a picnic!

소풍 가자!

창밖을 봐!
날씨가 너무 좋지?
오늘은 강가로 소풍을 갈 거야.
함께 가지 않을래?
올 때 네가 키우는 강아지
해피도 함께 데리고 와줘.
거기서 만나!

검은색 선을 따라 자르세요.

What do you want to do?
무얼 하고 싶니?

난 이번 토요일에 언니와 영화를 보러 갈 거야.
내가 기다리던 영화를 상영하는 극장을 찾았거든.
그런데 아쉽게도 이번 토요일에는 비가 온대.
너는 토요일에 무얼 하고싶니?

검은색 선을 따라 자르세요.

Merry Christmas!

메리 크리스마스!

루돌프 사슴 코는 매우 반짝이는 코~
안녕, 친구들! 메리 크리스마스!
올해는 눈이 오는 화이트 크리스마스가 될까?
나는 자기 전에 산타 할아버지가 선물을 넣어주실
커다란 양말을 벽난로 위에 걸어둘 거야.
너는 무엇을 선물로 받고싶니?

검은색 선을 따라 자르세요.

봄 배경 만들기

선을 따라 자른 후
안쪽으로 살짝 접어서 세워보세요.
각 배경에 맞게 대화를 나누며
재미있게 인형놀이를 즐겨보세요.

--------- 안 접기
———— 자르기

액자 만들기

봄이를 예쁘게 색칠한 후 선을 따라 오려보세요.
벽에 걸면 멋진 보미 액자 완성!

SUMMER

My name is Yeoreum.

내 이름은 여름이야.

와~! 여름이다!
온 세상이 푸르게 변했어요.
해변을 걸으면 파도가 말을 걸어요.
모래 위를 걷다 보면 꽃게 아저씨도 만나죠.
이런 뜨거운 여름날, 내가 태어났어요.
그래서 우리 아빠가 내 이름을 "여름"이라고 지었답니다.
저를 만나면 반갑게 인사해주세요.

"여름아, 안녕! 만나서 반가워!"

한여름

장래희망: 수의사
좋아하는 동물: 강아지, 모든 동물
취미: 노래 부르기
탄생석: 7월을 상징하는 루비
아끼는 것: 잠 잘 때 듣는 오르골

검은색 선을 따라 자르세요.

검은색 선을 따라 자르세요.

여름 가방 고리 만들기
1. 예쁘게 오려서 양면을 풀로 붙인다.
2. 펀치로 구멍을 뚫는다.
3. 가방 고리를 달아준다.
4. 예쁘게 가방에 매단다.
Tips) 코팅을 하면 더 오랫동안 쓸 수 있어요!

Time for school!

학교 갈 시간이야!

아침에 일어나 세수를 하고 맛있는 토스트도 먹었어.
이제 옷을 갈아입을 시간인데, 오늘은 어떤 교복을 입을까?
그래! 오늘은 등교길에 내가 좋아하는 지훈이랑 만날지도 모르니
동그라미 무늬가 있는 멋진 교복을 입을 테야.
넌 무엇을 입고 올 거니?

검은색 선을 따라 자르세요.

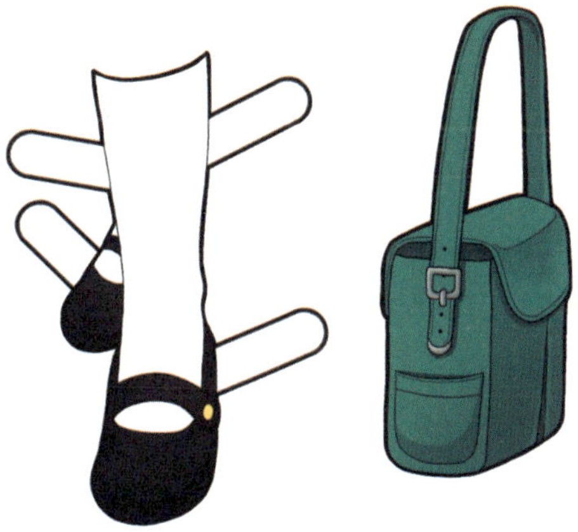

I like to play badminton.

난 배드민턴 치는 걸 좋아해.

학교를 마치고 공원에 갈 거야.
왜냐구? 친구와 배드민턴을 치기로 했거든.
아빠한테 배운 지 2주밖에 안 되었지만
너무 너무 재미있어.
넌 어떤 운동을 좋아하니?

검은색 선을 따라 자르세요.

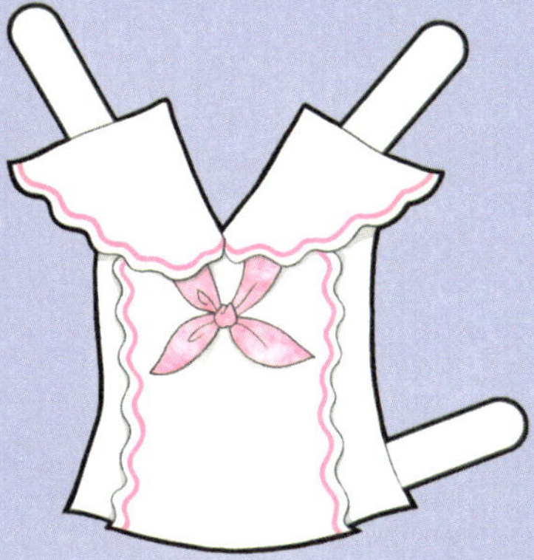

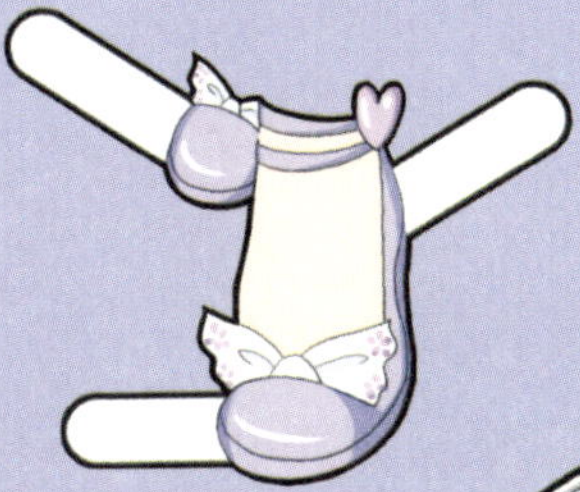

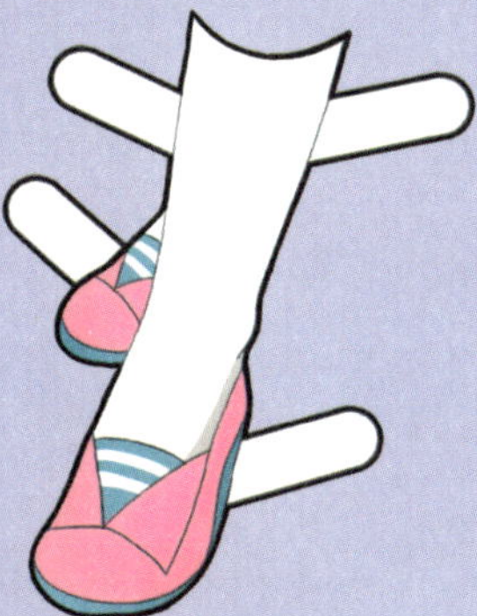

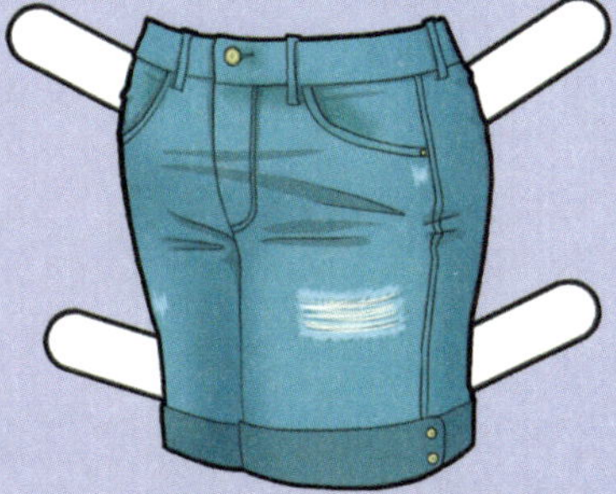

옷장 만들기

선을 따라 자른 후 접어서
풀로 붙여주세요.
예쁜 여름이의 옷장을 만들어
여름이의 옷을 보관해주세요!

------- 바깥 접기
―――― 자르기

여름 배경 만들기

선을 따라 자른 후
안쪽으로 살짝 접어서 세워보세요.
각 배경에 맞게 대화를 나누며
재미있게 인형놀이를 즐겨보세요.

-------- 안 접기
──── 자르기

액자 만들기

여름이를 예쁘게 색칠한 후 선을 따라 오려보세요.
벽에 걸면 멋진 여름이 액자 완성!

You can call me Gaeul!
가을이라고 불러줘!

내가 제일 좋아하는 계절은 가을이야.
응, 맞아. 내 이름이 가을이어서 가을이 좋기도 하지만
가을에는 하늘이 정말 예뻐.
하늘에서 눈처럼 떨어지는 빨강 노랑 낙엽은 또 어떻구!
책갈피에 끼워 놓을 예쁜 낙엽 주으러 함께 나가지 않을래?

"가을아, 안녕! 만나서 반가워!"

이가을

장래희망: 과학자
좋아하는 동물: 물고기
취미: 지구본 보기
탄생석: 9월을 상징하는 사파이어
아끼는 것: 가족 사진

검은색 선을 따라 자르세요.

가을 가방 고리 만들기
1. 예쁘게 오려서 양면을 풀로 붙인다.
2. 펀치로 구멍을 뚫는다.
3. 가방 고리를 달아준다.
4. 예쁘게 가방에 매단다.
Tips) 코팅을 하면 더 오랫동안 쓸 수 있어요.

검은색 선을 따라 자르세요.

I go to school by school bus.
나는 스쿨버스 타고 학교에 가.

나는 아빠가 늘 학교까지 태워주셨어.
그런데 이번 학기부터는 스쿨버스를 타고 가기로 했지.
아빠랑 함께 가는 것도 행복하지만
친구들과 스쿨버스를 함께 타보고 싶었거든.
신나는 등굣길이 될 것 같아 어젯밤부터 마음이 설레었어.

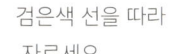

검은색 선을 따라 자르세요.

Today is my birthday!

오늘은 내 생일이야!

야호!
오늘은 드디어 내 생일이야.
오늘은 할머니가 새로 사주신 연두색 드레스를 입을 거야.
그리곤 공주님처럼 걸을 거야.
내가 좋아하는 친구들도 모두 초대했어.
엄마가 만들어주신 생일 케이크 위의 촛불을 불면서 소원을 빌어야지!
늦지 않게 빨리 와! 기다릴게.

검은색 선을 따라 자르세요.

Let's eat out today!
오늘은 외식하자!

오늘은 날씨가 너무 좋아!
밖에 나가서 맛있는 걸 먹고 싶어.
햄버거는 어때? 파스타도 좋고.
공원 근처에 멋진 레스토랑이 생겼어.
꼭 한 번 가고 싶었는데, 오늘 같이 갈래?

검은색 선을 따라 자르세요.

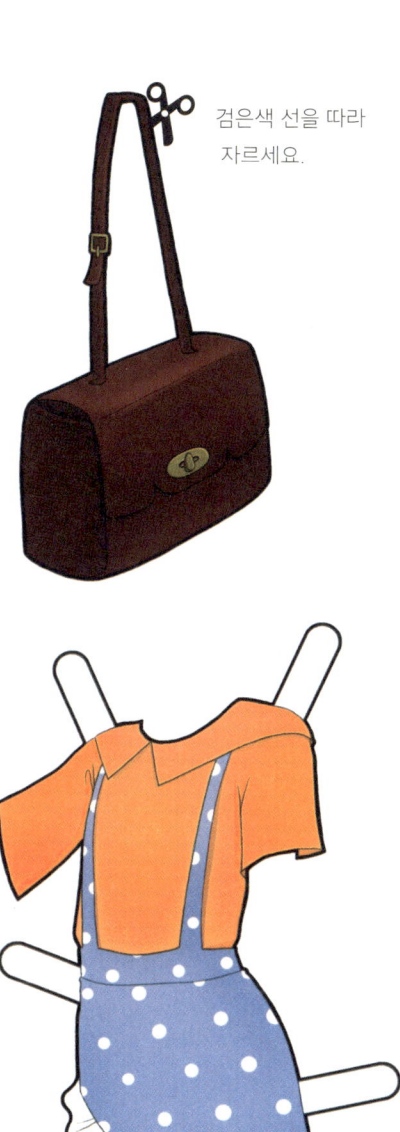
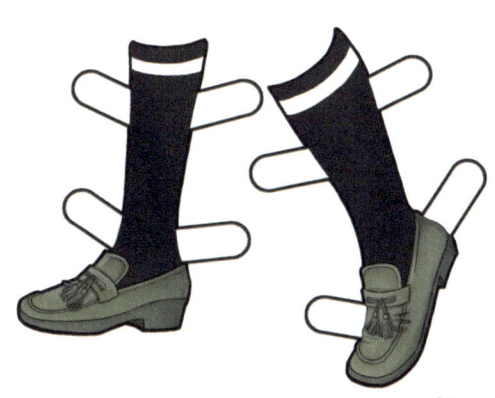

옷장 만들기

선을 따라 자른 후 접어서
풀로 붙여주세요.
예쁜 가을이의 옷장을 만들어
가을이의 옷을 보관해주세요!

------- 바깥 접기
──── 자르기

가을이의 옷장

액자 만들기

가을이를 예쁘게 색칠한 후 선을 따라 오려보세요.
벽에 걸면 멋진 가을이 액자 완성!

It's me! I am Gyeoul.
나야, 나! 겨울이.

아이, 추워.
아침에 일어나 보니 온 세상이 하얗게 되었어.
밤새 눈이 왔나 봐.
강아지 맥스가 문 앞에서 나를 기다려.
얼른 뛰어나가 맥스와 썰매를 타야지.
춥지 않냐고? 나야, 나! 겨울이. 언덕에서 만나면 인사해줘.

"겨울아, 안녕! 만나서 반가워!"

오겨울

장래희망: 환경운동가
좋아하는 동물: 코뿔소, 펭귄, 북극곰
취미: 별자리 관찰
탄생석: 12월을 상징하는 터키석
아끼는 것: 현미경

검은색 선을 따라 자르세요.

검은색 선을 따라 자르세요.

겨울 가방 고리만들기
1. 예쁘게 오려서 양면을 풀로 붙인다.
2. 펀치로 구멍을 뚫는다.
3. 가방고리를 달아준다.
4. 예쁘게 가방에 매단다.
Tips) 코팅을 하면 더 오랫동안 쓸 수있어요!

I have to wear this today.

오늘은 이걸 입어야 해.

어머! 벌써 8시네!
이러다 학교에 늦겠어.
오늘은 합창대회가 있는 날인 거 알지?
너무 떨려.
나는 노란 리본을 좋아하지만 오늘은 이걸 입어야 해.
우리 반이 우승할 수 있도록 응원해줘!

검은색 선을 따라 자르세요.

How about me?

나, 어때?

오늘은 이모의 피아노 연주회가 있는 날이야.
이모를 위해 예쁜 꽃다발도 준비했고
내가 제일 좋아하는 드레스도 준비했어.
나, 어때? 예쁘지?

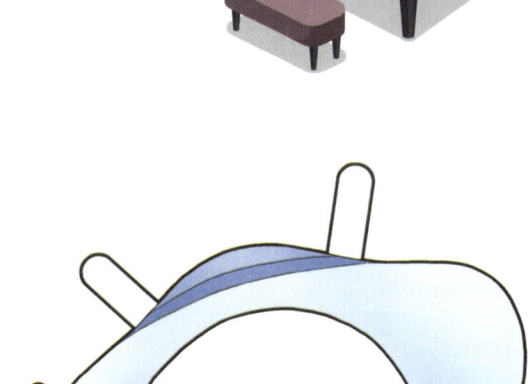

검은색 선을 따라 자르세요.

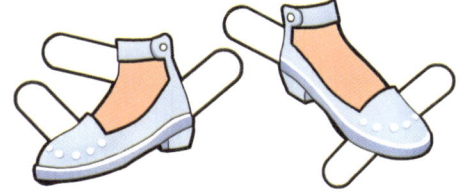

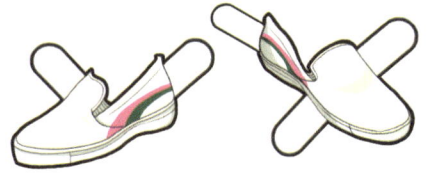

How is the weather?

날씨가 어떠니?

아빠와 함께 만든 부메랑이야!
오늘은 들판에 나가 부메랑이 내게 잘 돌아오는지 실험해볼 거야.
그런데 바람이 많이 불면 안 되는데……
오늘 날씨가 어떠니?

검은색 선을 따라 자르세요.

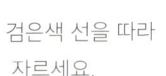

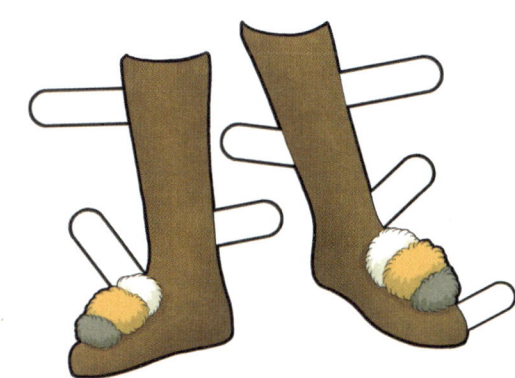

Good night!

잘 자!

오늘은 크리스마스야.
예쁜 크리스마스 드레스를 입고 파티에 다녀왔어.
산타 할아버지를 만나고 싶지만 오늘은 피곤해서 일찍 자야 할 것 같아.
산타 할아버지를 만나면 대신 인사 전해줘.
잘 자!

검은색 선을 따라 자르세요.

옷장 만들기

선을 따라 자른 후 접어서
풀로 붙여주세요.
예쁜 겨울이의 옷장을 만들어
겨울이의 옷을 보관해주세요!

옷장 만들기

------- 바깥 접기
──── 자르기

겨울 배경 만들기

선을 따라 자른 후
안쪽으로 살짝 접어서 세워보세요.
각 배경에 맞게 대화를 나누며
재미있게 인형놀이를 즐겨보세요.

--------- 안 접기
———— 자르기

액자 만들기

겨울이를 예쁘게 색칠한 후 선을 따라 오려보세요.
벽에 걸면 멋진 겨울이 액자 완성!